JN438260

의문과 질문

시와문화의 시집 018

의문과 질문

양 원 시집

시와문화

|차　례|

제1부 봄 바다

제2부 열 개의 흐르는 시간들

제3부 의문과 질문

제4부 그녀의 집 앞

제1부

봄 바다

사랑

돈에 대고 낙서를 한다
지폐를 한 장 구한 덕분이다
내 마음대로 구겨 화풀이를 하고 나서
그런 다음
다시 펴서 술을 마시러 간다
그녀가 있는 곳으로 간다
여자가 말을 했다
나를 벌판에 데려다 줘요
나는 어둠이 짙게 깔린 길을 따라
벌판이 있는 곳으로
그녀와 함께 걸어갔다
세상에는 우리가 바라는 벌판이 없다는 걸
여자도 안다
그냥 사랑이 필요하다고 하면 되었지
왜 그리 빙빙 돌아가고 있는지
비가 내리는 어두운 창가에 서서
나는 홀로 술을 마신다
습기가 바닥을 치고 올라와
내 몸의 썩은 곰팡이를 키운다
여자가 진심으로 정성을 다해 말한다

사랑한다고
하지만 사랑은 세상에 없는 허상인 것을
여자와 함께 나도 알고 있다

바다

1. 내 밖의 바다

바다는 거기에 처음부터 없었네
하루 종일 걸어 도착한 그 곳
수평선 저 멀리 바닷새가 날고 있어도
바닷바람에 더욱 붉게 타오른 해당화
꽃잎이 바닥에 떨어지고 날려도
그 곳에 바다는 없었네
흰 파도가 검은 바위를 타고 넘어와
거품을 토하며 해안을 점령하여도
물고기가 해변 모래밭에 죽어가는
그 순간에도 바다는 없었네

2. 내 안의 바다

그대가 보여주는 먼 그 곳의
끊임없이 출렁이는 바다일 것이라며
굳게 믿으며 마음을 풀어놓았던
언젠가 그 순간에도
시간의 처음을 발설하지 않는
어두움의 두려움으로

움츠리고 뒤채이며 울부짖어도
바다는 내 안 어느 곳에도 보이지 않네
시간은 흘러가고 새벽이 다가와도
끝내 나타나지 않는 바다
우리가 떠도는 공간 속에 있을 바다
그 곳에도 이제 까마득히 바다가 보이지 않네

옛사랑

슬픔이 못내 깊어지는 것은
네가 떠난 때문이 아니라
나의 마음이 벌써 빗겨난 까닭이다

나는 그 무렵
붉디붉은 꽃으로 피어
꽃으로만 온전히 너에게 가고 싶었다

그 때 너는
바람에 돋아나는 새순이었고
비 온 뒤에 보는 신록이었다
뙤약볕에 쏟아지는 소낙비였고
겨울밤 고요한 함박눈이었다

그러나 지금 너는 내게 없는 것이다
숨죽여 울어야 할 이유가 있다
네가 없기 때문이어서가 아니고
그때의 내 마음이 이제 없는 까닭이다

아이비(Ivy)

흙 속에서도 물속에서도 가리지 않고
진녹색 광채가 도는 잎사귀를 피워내다가
어느 날 허공에 매달아 두어도
결코 굴하지 않고 질긴 가는 줄기를 내려
옆으로 밑으로 한없이 뻗어나간다
유리같이 매끄러운 수직을 만나도
타고 넘을 끝이 둥근 덩굴손도 있다
투명한 바람과 따사로운 햇빛이 아니어도
어딘가 흐르고 있을 단 한 모금의 물만 있다면
녹황색 꽃을 피운 다음 검은색 둥근 열매를 맺어
세상의 온갖 슬픔 혼자서도 능히 견뎌낸다
너는 그렇다

아이비(Ivy) 2

보이지 않다가도
술 마시는 밤엔 네가 나타난다
너를 보면 내 몸이 달싹거린다
푸른 너를 향해
칼칼한 물 한잔이 필요한 너를 위해
작은 술잔이나마 내밀어본다
어두운 허공에 대롱대롱 매달린 나는
무던히도 차가운 너의 손목도 잡아본다
목이 타는 봄밤을 지나칠 수 없다며
어깨동무하며 네게 부딪쳐도 본다
흔들리는 잎들을 무성하게 달고서
말없이 둥둥 공중에 떠있는 너
너는 이미 알고 있었다
사랑은 그때 벌써 금이 갔음을
던져진 술잔처럼 깨져버린 사랑
너무도 깊게 패였던 사랑
그 사랑이 아직 마지막 줄에 놓여있다

봄 바다

청계만에 물이 든다
발밑까지 바다는 푸른색으로 부푼다

바다에 닿은 비탈진 언덕은 마늘밭
초록의 마늘대는 병사들의 창끝처럼 날카롭다

비스듬히 누워 바다를 바라보는 산비탈
그을린 얼굴은 검붉은 황토 빛이다

산죽나무 바람에 흔들리고
수평선에 묻힌 희미한 아침 안개

고요하고 매끄러운 해면 아래
차고 어두운 소용돌이 깊은 숨을 쉬고 있다

일로 오일장

새벽 선잠에 설핏 스쳐 지나갔던
치자 꽃이 종일 떠나질 않아
유월이면 필 흰 꽃을 보기 위해
꽃나무를 사러 일로 장에 갔더니
어름에 들기 전부터도 들려오던
장터 마당 복작대는 소리가 없다
아차! 장서는 날을 헛짚었구나
지난 장날 어린 나무들이 서있던 곳을
어림짐작으로 애써 찾아가 보았더니
텅 빈 맨바닥에 먼지만 날리었다
네게 무엇이라 설명할 수도 없는
울타리 너머 가득했던 치자 꽃향기
눈물바람 감추며 슬쩍 돌아서고 만다
내일이면 결국 다 사라지고 말
욕심내며 살았던 오늘 하루치의 삶이나
투명한 꽃잎이나 지독한 향기마저도

일로 장터 국밥집

비 오는 날엔 일로 장터 국밥집이 좋다
양철 지붕 때리는 빗소리 들으러 간다
처마 타고 뚝뚝 떨어지는 빗방울
나는 선짓국을 앞에 두고 소주를 마신다
낮게 드리워진 차일 사이 조각난 하늘
무시로 쏟아지는 장대비에 가려있다
지난해 늦여름 당신과 나란히 앉아
한참을 내다보았던 흙 마당이 젖고 있다
하긴 오는 동안 몇 번이나 망설였다
전화하면 응답할까?
혹여 와주기나 할까?
기울어져 아귀가 틀어진 식탁
진즉에 식어버린 뚝배기 국물
들이치는 낙숫물이 발목을 적신다

질투

발뒤꿈치를 들고 살살 걷는다
보지 않아도 이미 다 알고 있다
근거도 없이 치미는 독기
눈썹 하나 흐트러뜨리지 않은 채
끝까지 내색해선 안 된다
되려 선량한 웃음을 슬쩍 내보이며
비열한 마음에 뻔뻔함을 숨긴다
뒤로 돌려 맞잡은 손으로 궁리를 틀어
아닌 척 교묘히 빠져나가야 한다
들키면 지는 것이다
그러나 이미 다 알고 있다
그래야 할 정당한 이유도 없이
부르르 떨고 있다는 것을
머릿속이 서서히 비워지고 있다는 것을
침착해야 다시 볼 수 있다
낮은 목소리로 한 마디만 툭 내뱉는다
날쌔게 피해 봐도 찔리게 마련이다
기막히게 겨냥해 날린 비수
소리 없이 흔적을 남기지 않고
내 가슴을 향해 날아오는 중이다

내 가슴팍에 퍽 소리 내며 박히게 된다는 걸
이미 다 알고 있다

선팅(sunting)

완벽하게 차단하여 나를 가리고
그 속에 들어 그의 모습을 내다본다
그는 나를 전혀 볼 수 없다는 것을
나의 마음을 알아챌 수 없다는 것을
이미 나는 명확히 알고 있다
익명으로 그를 향해 우를 범하고도
익명이 되어 나는 안심을 한다
나는 발가벗고 뜨거운 욕조에 들어앉아
김이 서린 희미한 통유리 너머
땀범벅 번들대는 기름진 얼굴을 들고
풍경 속의 우아한 그녀를 바라본다
나는 이미 철저히 준비 중이다
익명으로 그녀의 허리를 탐한 다음
익명 뒤에 숨어 나는 들키지 않는다

슬로우 모션

혼자 급하게 마시는 술
점점 길어지는 제 그림자처럼
서서히 몰려오는 취기
하나 두~울~ 정신을 놓는다

헐떡이며 쏟아붓는 격렬한 사정
방파제를 단숨에 뛰어넘는 성난 파도
구겨진 휴지처럼 방바닥에 뒹구는
상념들로 질펀해진 땅바닥

의식이 돌아오는 순간은 매번
햇살이 방안에 가득 퍼져 있다

한쪽에서 반대편으로
훑고 지나가는 파노라마 흑백 풍경
빈 들판의 강과 그 너머로 이어진 산맥

사상이 몰락하고
삶의 기쁨은 사라지며
깊은 슬픔조차 오래가지 못한다

위선에게 이중성을 설명하다

그러니 위선이여 안심하라
아주 오래전 인간사에 끼어든 이래
불변의 법칙으로 군림하며
침범 받지 않았던 너의 영역은
절대 완강한 성채
검은색 모자 검은색 구두 검은색 목도리
검은색으로만 꽁꽁 처맨 인간
검은 뱃속에 든
흰 똥에서 자라나는
달콤한 독버섯은 붉은빛을 띠고
즐거운 칡넝쿨은 관계를 옭아맨다
아무 탈 없이 탈이 나도 설렁
이리저리 비켜가며 잘 살고 있다
역겨운 헛구역질이라든가
더러운 가래침 뱉을 일도 없이
죽은 후에나 온다던
고통스런 지옥에의 상상은 이미 죽었다
오늘 밤은 달도 죽었다
두 겹의 나선형으로 비틀어대며
천길 나락의 어둠을 도와

나무를 타고 오르는 이중성
그러니 이중성이여 너도 안심하라

초령목(招靈木)

바다를 향해 팔을 벌린다
떠도는 영혼이 품에 안기며
안아달라고 그가 조른다
더욱 세게 안아야 멍이 풀릴 수 있다고
나는 그에게 믿음을 준다
흑산도 당산 아래 검은 숲속에
키가 큰 나무 한그루 두 줄기로 뻗어 오른 가지
팔을 흔들어
가여운 그를 껴안아준다
그의 얼굴에 흰색의 눈물을 뿌리며
귀에 대고 속삭이다가
달디 단 혀가 그의 짝귀를 핥더니 물어뜯는다
꼿꼿해진 유두
뜨거워진 그의 몸에 찬 혀를 대고 식혀준다
흐려진 눈동자
붙들고 놓아주어야 한다
그의 흔들리는 영혼을 불러 안아준다
그는 바다가 두렵다
사방이 터져있으면서도 갑갑하다
모두가 들여다보고 있기 때문이다

벗어나 돌아오렴
떠돌기를 멈추고 이제 여기로 돌아오기를
긴 팔 나무가 죽지 않고 서서 반겨준다
돌아가도록 하자
축축한 몸의 냄새를 지우기 위해
나는 밤새 세수를 하고 비누칠로 손을 씻는다
그가 마침내 도착해 나의 방문을 두들기고 있다

고백

왜 도망치려고만 하는가
본의 아닌 것처럼 조용하게 교묘히
관계의 징검다리 위에서 허깨비 춤으로
사악한 마음을 감추면서
왜 인정하지 못하는가
떨리는 속살을
눈치채지 못하게 가까스로 숨기고 나면
마침내 이기는 것인가
그때로부터 후회는 한없이 계속된다
묶는 족쇄가 되고
찌르는 칼이 되고
진정 하찮은 이것조차 부인하려 드는가
그 암흑을 내려놓는 가벼운 마음
그리하여 고결한 마음은 존재하는 것이다
세상에 존재하는 것
그것을 찌르며 깊숙이 들어가면
마침내 터져 나오는 고백

제2부

열 개의 흐르는 시간들

대반동(大盤洞)

유달산 남쪽 기슭 골짜기에서
고하도와 달리도와 율도로 둘러싸인
고요한 시하바다를 내다보는 곳

마을의 시야를 통째로 가로막고 선
호텔 꼭대기 층 연회장에서
잘 차린 많은 음식을 비유한다는
큰 쟁반 대반동을 내려다본다
눈을 찔러 피를 내어도 침묵하는 곳

시멘트 블록으로 숭숭 벽을 쌓고
슬레이트 지붕이 납작한 살림집들
비탈을 갈아 외길을 내어
가난과 가난을 연결하고
손톱과 손톱을 갈아 얻은
어판장에 던져진 하루치의 양식

박대와 허기 속에 잠겨있는 곳
아아 이제사 바다에도 폭풍이 인다
흰 파도 깃발처럼 일어서는 시퍼런 바다

볕바른 돌밭에서 숨죽여 자란 꿈들이
섬 사이를 헤쳐 돌아 먼 바다로 떠난다

다순그미 마을(溫錦洞)

유채꽃이 아니냐고 그녀가 물었다
나는 장다리꽃을 떠올리고 있었다
축대를 쌓아 만든 좁은 골목길 따라
외줄로 피어있는 연두 잎 노란 꽃
꽃대를 씹어보던 그가 아린 맛이 독하여
갓 꽃임이 분명하다고 정정해 주었다
유달산 남쪽 바닷가
식솔 많은 가난한 어부들이
따스한 기운이 감돌던 산자락에
층층으로 집을 내어 살던 산동네
블록으로 담을 쌓아 경계를 치고
슬레이트로 지붕을 올린 허술한 집들
지금은 등 굽은 노파들이 살고 있는
아이들 소리가 나지 않는 고요한 달동네
낮술에 갇혀 지친 몸으로
천대와 가난을 목도하고자 했던 그날
햇빛이 앞바다에 출렁 내려앉던 봄날
한 뼘 툇마루 아래
헐떡이고 있던 늙어빠진 개 한 마리와
블록 담 위에서 쏘아보던 고양이

철사로 뚜껑을 막아버린 버려진 우물
뒤안 시멘트벽을 뒤덮고 있는 붉은 넝쿨장미
휘어지며 끝없이 이어지는 고샅길을 걸어
부엌문이 반쯤 열린 집 마당에 이르자
흙바닥에 쪼그려 앉아 먹었던
내 유년의 식은 밥덩이가
비로소 눈물로 떠올랐다
죄도 없이 받는 형벌처럼 가난은 억울하였다
마을을 벗어나도
질긴 햇살은 우리 뒤를 쫓고
장다리꽃 주변으로 나비 떼가
구름처럼 하얗게 날아들고 있었다

산동면(山東面)

면사무소 앞 오래된 옛 길가에 늘어선
철물점, 슈퍼, 방앗간, 추어탕 집, 이발소, 식육점, 채소가게, 점집, 목욕탕, 떡집, 국수집, 우체국, 노래방
찬바람이 새어나오는
기울어진 목제 출입문은 대부분 닫혀있었다
늙은 은행나무 곁을
위태롭게 걷고 있는 중절모를 쓴 노인

고향을 대신하여 나를 키웠던
네온사인, 인텔리전트 빌딩, 룸살롱, 백화점, 복합영화관, 화장품 가게, 리무진, 가죽옷, 교회, 호텔, 커피하우스, 문화회관, 은행, 키스방
햇볕이 가득한 도시의 거리마다
한껏 멋을 낸 쇼윈도
헛웃음 뒤에 감추어져 있는
번뜩이는 내밀한 시선

소재지 좁은 길을 빠져나와
가난이 선지처럼 엉겨있는 그곳으로
얇고 질긴 가면의 그림자를 끌고 가는

차 안에서 나는 눈물을 닦지 않았다
지난 추운 겨울을 지낸 산수유는
춘분 무렵이 되면 꽃망울이 터질 거라고 하였다

유달산

서해와 남해가 맞부딪히는 예각
바다로 향한 육지의 꼭짓점에 서서
솟아오른 바위들 차별 없이 뽑아 올리고
중턱 어디쯤 유선각 서있는 자리에서
날아오르는 건너 삼학도를 바라다본다

천년만년 한자리 그곳
시하바다 거센 폭풍우도 견디고
가슴을 후려치는 눈발도 헤치면서
세상의 무거운 침묵과 뜨거운 인내
모든 탄식이며 환희도 기꺼이 받들고 있다

빈 하늘에 가득한 저녁노을
푸르게 일렁이는 붉은 물결을 등에 지고
산비탈에 기대인 사람들의 얼굴을 비춘다
품속에서 자라던 온갖 풀과 나무와 꽃
목포였으므로 가난했던 그의 손을 잡아준다

목포역

새벽에 깨어 너를 생각한다
다시 잠들지는 못할 것 같다
째보 선창이 내다보이던 주점
먼 바다에서 시작된 바람이
미닫이 유리문을 파도로 타고 들어와
어깨에 부딪히며 흰 가루로 부서졌다
어둠 속에 힘없이 넘어진 술잔
끊긴 대화 사이를 맴돌던 너의 미소
해변 길 희미한 가로등 불빛 아래
겹쳐질 듯 다시 멀어지는 두 그림자
서울행 기차를 기다리던 대합실에
낮게 깔리는 안내방송
느린 걸음으로 개찰구를 빠져나가던
너를 차마 부르지도 못했다
다만 가려진 뒷모습을 바라다볼 뿐
막차가 떠나고 불이 꺼진 목포역
광장에 흩뿌려지던 차디찬 빗방울
너는 내내 한 번도 돌아보지 않았다

쓸모없는 책

마침내 마루에 펼쳐놓은
손때 묻은 오래된 책들
시집 몇 권
귀가 헌 공책들
이들은 모두
나와 함께 살면서도
라면상자나 가전제품 박스 안에 갇혀있었다

바람 속 햇빛으로 내놓은 지
이제 겨우 몇 달
내다버릴 궁리부터 한다
버려야겠다는 생각이 문득 들었다
내 것이 아니어서가 아니고
나와 너무 가까운 사이여서다
친하여 끼고 돈다고 내 것일 수만은 없다

이쯤해서 온전히 손 놓는 일이 마땅하다
지었던 허물이나 숨겨진 속내까지
한 자루에 꾹꾹 쓸어 담고 꽁꽁 동여매서
저 멀리로 던져버릴 일이로다

그곳이 어디든 무엇이든 텅 비게 해야 한다
말짱 비우고 내다버릴 일이로다

애벌레의 꿈

웅크리고 있다
나는 모로 누워
웅크리고 있다
두 무릎을 가슴팍까지 끌어올려
양 팔로 감싸고 있다
고치에 든 번데기처럼
나는 지금 이불 속에 들어있다
자궁 속의 순하고 가녀린 태아
나는 오래 전의 너를 기억한다
부드럽고 따뜻했던 물속의 유영
너를 생각하는 나는 지금
아득히도 먼 나비의 꿈을 꾼다
애벌레로 갇혀있던 암흑이여
질긴 모순이여
무겁고 차가운 사슬이여
단 칼에 너를 끊고 치솟아 오르리라
물에 갠 석회처럼 단단한 껍질을 깨어
더듬이와 날개를 달고
상처에 돋아난 덧살 같은 허물을 벗고
초록빛 가벼운 몸통을 들어

아아 이제 나는 나비가 된다
비로소 훨훨 날아오를 나비가 된다

열 개의 흐르는 시간들

1. 비밀 창고

지하에 있는 널찍한 공간
장식이 있는 나무책상
검은빛이 나는 가죽 의자
유화, 거울, 초상화
늘 그렇듯 그들은 먼지를 뒤집어쓰고
여기저기에 흩어져 있다
누군가의 사무실의 기억을 되살리는
꿈속의 사물들
그때 나는 그의 물건들을 탐내었고
아주 시간이 흐른 다음에야
불쑥 그를 향해
아끼 코기리(아기 코끼리)라고 발음하면서
선명하게 정체를 노출하였던 것이다
꿈속에서야 비로소
나의 감춰진 탐욕을 드러내었던 것이다

2. 자판

다다다다 타-
세게 아주 빠르게 자판을 친다

다다다 타-타-
자판을 두들기며 글자를 만들어낸다
남의 글을 베끼는 중이다

나의 글을 내기 위해서
원고지에 쓰고 긋고 다시 쓰다가
끝내 찢어버리고 나서
한참 만에 다시 써본다
다시 쓴 글도 그렇기는 하다

그러니 다시 자판을 찾는다
남의 글을 보며 모방하며
맹목적으로 자판을 괴롭힌다
남의 감성을 몰래 훔치기도 한다

그렇게 몇 번을 되풀이하다가
한참 시간이 흐른 다음
비밀스러운 쇼를 벌이듯
결국 내 이름자를 글 앞에 놓는다

자판은
아주 경쾌한 발놀림으로
땅을 찍듯 시간을 쪼개고
혹은 강물처럼 매끄럽게
시간 사이를 스쳐 지나간다

다다다 타-아-

3. 이모네 집

어머니의 큰언니
어머니의 어머니와 같이 늙은 이모
내 얼굴을 어루만지던
주름진 손의 느낌이 남아있는

이모네 집
뽕뽕 다리*를 간신히 건너
강둑을 따라 오래 걷다가
느티나무를 지난 다음부터는
점점 빨라진 발걸음으로
골목 끝까지 올라가야
비로소 당도하는 이모네 집
다리 밑으로 시퍼렇게 흐르던
황룡강** 거친 물살이
오늘 다시 가슴에 물길을 내며 흐른다
그래서 시간은 망각이 되지 못한다
이모는 세상을 뜬 지 오래고
어머니는 노환이 깊다

*교량 상판에 지름 10cm 정도의 구멍이 규칙적으로 뚫린 주름진 철판을 이용하여 만든 다리.
**영산강의 지류로 광주 광산구를 관통해 흐르고 있는 강.

4. 옳지 그렇지 아니다

그의 말에 맞장구를 쳤고
그의 행동에 박수를 쳤다
한때 나는 그를 미워했으며
그와 마주치는 것도 싫었었다
외면하고 돌아섰을 법도 하였는데
옳지! 옳지! 어느새 그의 편이 되어있었다
시간이 흐른 것이다

하지만 그것은 아닌 것이므로
진실로 다시 시작해야 하고
그래서 그에게 물어야 한다
그렇지 아니한가 하고 물어야 할 것이고
그렇지! 그렇지! 하며 묻어둘 수는 없다
그에게 대답하게 해야 한다
깊게 패였던 상처는 아직 상처로 남아있고
그때의 눈물은 여전히 지금도 피눈물이며
핏자국은 도처에 아직도 흩뿌려져 있다

그러니 시간이여
진실을 끝까지 다 말하여야 한다
강어귀 바다의 밀물이 치오른다 하여
바다로 향하는 강물의 흐름은 멈추지 않는다
결코 거스르지 않는다는 것을
역사여
우리에게 보여 주오

5. 기차

서울행 새벽 기차를 탄다
서초동, 오금동, 여의도동을 돌고 나서
만만한 고향 친구와 저녁을 먹고
용산역 구내 레일 스토리에서
곽소주와 캔맥주와 소세지를 봉지에 담아
목포행 막차를 타면
오늘 하루도 완성이다
일정표는 머릿속에 저장되어있고
기차는 불변의 선로 위를 달린다

미열이 있는 나는
신문을 읽다 말고
물 한 모금을 마신 다음
화장실에 다녀와서
스마트 폰을 만지작거린다
풍경은 방음벽에 가려지고
빛은 터널 속에 머물며
나는 객실에 갇혀있다

서울로 투하된 공작물을 실어 나르는 기차

6. 고요한 마을

한가롭기만 마을이 멀리 보인다
한낮에 닭 우는 소리가 들리고
발자국 소리에 놀란 개가 짖는다

한참 때를 회상하며 떠드는 할배들
돌담 사이로 마실 길을 가는 할매들

그들이 옹기종기 모여 등을 맞대고 있는
겨울이면 쇠 문고리가 쩍쩍 달라붙는
기억 속의 오래된 마을이 있다

낙숫물 떨어지는 소리에 놀란 고양이
털을 곧추세우며 마당으로 달려 나가고
뒤 안 장독대 사이에서 숨죽이는 바람
구름 그림자가 지붕 위로 흘러가는
산 아래 정물처럼 고요한 마을이 있다

시속 100Km의 속도로 지나치며
그 속에 갇힌 느린 풍경을 본다

7. 변형

전기난로는 겨울 공간에 유용하다
발밑의 차운 공기를 밀어내어
가슴 졸이는 나를 안심시킨다
겨울이 다 지나가고 봄이 되면

나의 오른다리 종아리는 화상에 붉어지고
나의 오른쪽 구두는 찌그러져지게 마련
그나마 다행인 것은
왼쪽은 아직 성성하다는 것이다
기뻐할 일이로다
비록 한쪽은 내주었지만
나머지 반쪽이나마 온전히 지켜내었으니
그쯤의 변형인들 탓할 일은 아니로다
또한 세상을 변형시킬 일 없으니
한쪽 발로 그냥 딛고 서서
눈 딱 감고 가히 넘어갈 일이로다

8. 속도

신호를 대기하며
건널목 신호등의 녹색 점멸등의 숫자를 센다
똑 똑 똑…
마침내 20초가 지나더니
붉은색이 나타나고

인간의 통행을 막는다
자동차의 길을 열어준다
굼뜬 앞차의 출발에 대고
뒤차가 클랙슨으로 항의하더니
결국 그는 이번 신호를 타지 못했다

사거리 교통 표지판에
비보호 좌회전이라고 적혀있다
마주쳐 다가오는 차의 거리와 속도를 가늠하여
힘차게 엑셀레이터를 밟는다
경험과 직감은
무모함을 부르는 대신
어떤 시간만큼 이득을 준다

앞서가는 차를 추월하기 위해
뒤따라오는 차의 속도를
백미러로 판단하며
주행선과 추월선에서 숨바꼭질을 한다
치고 나가는 속도만큼
그만큼 빨리 그곳에 닿는다

연료 효율에 대해서는 말하지 않고
다만 속도는 그에게 경제이다

9. 양(量)

아침부터 봄비가 내리고 있다

비에 섞여 떨어지는 먼지가
계측 불가 질량으로 변하더니
자동차의 매끄러운 표면에 쌓이면서
거칠고 두꺼운 흙 막을 남긴다

봄비 속으로 걸어 들어간다
금세 젖은 옷에서 빗물이 떨어진다
뛰어 건너다가 혹은 느리게 걸으며
몸을 적시는 빗물의 양을 가늠해본다
긴 시간이 많은 양을 가져다준다는 믿음에
나는 더욱 느림보 걸음으로 비를 맞는다

10. 철새

약속을 하고 나서는
조금 늦거나 빨리 모여들어
같이 밥을 먹고 함께 술을 마시고
어깨동무로 두려움을 이겨내며
즐거운 약속을 이행한다
가끔은 마음을 고쳐먹어
위험한 배반을 때리기도 하지만
그러나 진심으로 이해되기도 한다

추위도 무섭고 더위도 두렵다
중간지대로 무리지어 이동한 다음
저마다 임시 거처를 마련하고
먹이도 찾고 번식도 한다
빈 하늘을 날고 있는 철새 떼
떠나고 다시 돌아오기를 반복한다
시간이 그들을 채근하고 있는 것이다

강물을 가를 수 없는 것처럼 모호하고

작두날에 올라선 것처럼 위태로운
과거와 미래
경계에 선 사람들이 달려들어
시간의 단단한 벽을 허물고
두려운 회색지대를 열망하고 있다
시간이 만드는 따뜻한 회색지대

지금 나는

해서를 쓰다말고 초서로 휘갈기는
정밀화를 그리다가 추상화로 돌리는
규격에서 파격으로
맑은 정신에 있다가도 불현듯
누구에게나 아무렇지도 않게
취한 상태로 한참을 주절대다가
닫힌 문을 열고 밖으로 나선 서늘한 이마
창호지처럼 얇은 강철처럼 굳은
거짓을 분칠한 희고 투명한 피부
뚫고 나아갈 수 없는 훑어 내리는 바람
정녕 되돌릴 수는 없는 것인가?
무너진 담장을 고쳐 세우고
갈지자걸음에서 네모반듯한 태도로
귀가 맞지 않은 종이를 다시 접어본다
공허한 아름다운 내면이여!
그러나 원래 모양대로 되돌아 갈 것을
애초에 진즉부터 알고 있었더이다

그리움을 변명하다

의식이 서서히 돌아오면서
내장의 통증이 전해져 오는 미명(微明)
마른 갈증이 엉겨있는 푸른 창가
식은 어깨 위로 이불을 끌어올리니
맨발은 차갑게 밖으로 내몰린다
왜 수렁에 빠진 느낌일까?
점점 더 깊이 가라앉는 돌덩이
수면에 남아 어지럽게 퍼져가는 동심원
하루를 견디는 하루살이 혹은
철창에 갇힌 상처 입은 짐승
물 한 잔을 마셔본다
프로작 한 알을 삼킨다
이러는 것이 아니라는 것을 물론 안다
눈 오는 그 때는 어두운 밤길이었다
맑은 정신으로 깨어 너를 생각했다
미망(迷妄)의 연속이었다
자유낙하가 어려운 가볍디가벼운 눈은
비틀거리며 혼돈의 공간을 가득 메우고
나는 너를 여전히 그리워한다
네게 결코 지지 않는

끄떡없는 말뚝이 하나 있다
마음에 박힌 그리움의 말뚝

나는 날아가지 못한다

개리, 고니, 노랑부리저어새, 검독수리, 쇠기러기, 흑두루미, 흰뺨검둥오리
가을부터 봄까지 여기 와 사는 겨울철새
들판의 미꾸라지를 파고 땅강아지를 잡아
새끼를 먹이고 거두다가
봄이 되면 함께 시베리아로 돌아간다

봄이면 남쪽에서 올라오는 여름철새는
여기서 여름 한 철 산란하고 새끼 치다가
한 식구를 만들어
가을이 되면 따뜻한 곳으로 돌아가는
제비, 때까치, 뜸부기, 솔부엉이, 꾀꼬리, 찌르레기, 노랑할미새

하긴 어디 간들 편키야 하겠느냐만
나는 왜 그들처럼 날아가지 못하는 걸까?
숨을 옥죄이는 깊은 늪
나는 왜 빠져나오지 못하는 걸까?
이미 글렀다
여기저기 기웃대기만 하다가

날아갈 곳을 정하지 못한 나는 이미 글렀다
나는 그 먼 곳으로 날아가지 못한다

발가락

시선이 무심코 발가락에 가면서
손가락이 저절로 그에게 갔다
쓰다듬고 주무르면서
새삼스레 너의 존재를 확인해본다
가운데 세 놈은 무난해 보이는데
엄지는 발톱이 살을 파고들었고
새끼발가락은 비틀려 있다
내게 속한 너에게 그동안 나는
그냥 물 한 바가지 홱 뿌려주는 정도였다
정교한 관절과 미세한 근육
직립과 보행을 뒷받침해주었던 너는
그러나 데려온 자식처럼 구박만 받았다
눈에서 가장 멀리 떨어진 때문이라고 말하지 말자
손가락은 애지중지 수시로 씻어주고 다듬어주고
그러니 나의 소중한 발가락들이여
껴안고 비록 입 맞춰주지는 못할망정
내 이제부터 그만 너를 무시하지 않겠노라
그냥 무심코 지나치지도 않으리라
한증막에 들어앉아 진땀 흘리며
비로소 나의 너를 다시 알게 된다

너는 나를 세워주는 굳건한 받침
나를 자유롭게 놓아줄 어떤 근본

슬픔

슬픔의 깊이를 계량화한다면
땅속 1미터
아니 그보다 훨씬 더 깊은
땅의 깊이로는 가늠할 수 없는
바다의 시작에서 바다의 끝까지
물의 모든 깊이와 넓이와 무게를 다 지나고
그러면 또 어디 성층권까지
더 높이 더 멀리
어디까지일까?
우주의 끝까지
그리고 다시 우주 밖으로
우주 밖 그 너머 어디까지 가야 할까?
무한히 그 어디까지로!
멀리 떨어져 나와서 홀로 들여다본다
바라다보며 생각한다
생각에 생각을 거듭한다
그러나 제 자리만 맴돌 뿐
그 자리에 머물러 있다
떠나지도 못하고 벗어나지도 못한다
이 세상에는

물론 뿌리도 없고
원인도 결과도 아무 것도 없다는 것이다
오래오래 기다려 보지만
결국 슬픔 따윈 없다는 결론이다

어릿광대와 공주

퇴임을 앞둔 지방의 문화재청 소장이
번쩍이는 트럼펫을 들고 무대에 올랐다
재킷을 벗어 바닥에 내던지더니
이내 와이셔츠 소매를 걷어붙였다
밸브에 입을 대어 음색을 조율하는 동안
객석은 그의 서툰 연주 실력에
웃음과 관용과 격려의 박수를 보냈다
억지 앙코르를 받고나서도
스스로 세 번째 곡을 해야겠다고 우겼다
40년 만의 꿈이니 이해하라고 그가 말했다
막가파
무서운 것은 그의 무모함보다는
음악에 대한 청중의 무례였다

마침내 낭자하게 울려 퍼진
사이버 전쟁터의 신호나팔
거짓된 승리의 환호
허수아비 왕의 등극을 알리는
황금빛 팡파르

어떤 한 공주가
검은 그림자의 긴 망토를 끌고
불빛 휘황한 무대에 오르는 순간
트럼펫은 저 혼자 부르르 떨었다
새벽 깊은 어둠을 두려워하는 것일까
무너져 엎드려 굴복하는 것일까
이념의 쓰라린 칼이 난무하는 춤판
사람들이 짓밟혀도
민주주의가 뻣뻣한 주검으로 변하여도
눈물 흘릴 줄 모르는 공주
사냥개를 부려 애국심을 물어뜯는 공주

맑고 기운찬 트럼펫 소리는
무대 위 설부른 연주와 함께 사라졌다
더 이상 울리지 않는 트럼펫
깨진 트럼펫을 든 어릿광대여!
역사의 가면 뒤에 숨은 공주여!

운주사

사람들이 줄지어 서있다
부처 얼굴을 한 석상이다
돌을 깎고 쪼았으되 서툰 솜씨
입상으로
좌상으로
때로 와상으로도 있다
스스로 설 수 없을 만큼 가벼워졌다면
검은 바위에 기대거나
맨땅 위에 구르기도 하고
가끔은 돌 감실에 갇혀 지내기도 한다
사람들 팔 다리가 틀어진 만큼
부처 몸통은 오히려 비대하다
비대칭 대웅전으로 통하는 길
길 위에 누운 풀잎에 눈이 내린다
사람들이 토해내는 허연 입김과
부풀어 오른 뜨거운 피와
사람들이 짓는 죄
목이 잘린 부처 곁을
절뚝거리며 걷는다
두 손 묶여 이끌려간다
살아서는 결코 사면 받지 못할

유형의 땅 깊은 계곡에는

한밤중에도 사나운 눈발이 몰아치고 있다

제3부

의문과 질문

봄을 기다리며

바람이 구름을 몰아내
말갛게 갠 겨울 하늘 아래
얼음장 갈라지는 소리 들린다
시린 손을 부비며
퍼렇게 쟁깃날을 벼린다
뒤집어 놓기 위해서다
춥고 고단한 밤일지라도
겉과 속을 그리고 위아래를
죄다 헤집어 놓아야 한다
쇠스랑도 닦아 걸고
터진 삼태기도 기워놓는다
이제 횃불을 밝혀 들어라
한 겨울 덩어리진 땅
부드러운 속살처럼 잘게 부수고
철철 넘쳐흐를 물꼬도 튼다
봄은 머뭇거리는 법이 없다
굳게 닫힌 문을 박차고 나서
번뜩이는 괭이 날을 세우며
빈 들판으로 뛰쳐나가자
걸리적거릴 돌부리는 없다

갈아 뒤엎은 새 땅
천금 같은 내 땅 위에
봄의 씨종자를 휘뿌릴 것이다

입춘을 지나며

시푸른 하늘이 잔광 속에 어둡고
한 겨울 내내 떨며 지내던 바람이
문 밖에서 엎드려 기다린다
시간의 유려한 곡면을 한 바퀴 돌아
갔던 길을 되돌아 나오는 바람
멈춰서 가쁜 숨을 몰아쉬며
더듬더듬 피어나는 온기를 느낀다

지난여름 붉었던 꽃과 푸른 잎이
조용히 눈을 감고 눈에 묻혀 있다가
구름이 만들어 내었던 비에 젖더니
가지를 툴툴 털며 힘겹게 깨어난다
지난 가을 맺어 내보냈던 씨앗 한 톨
통째로 썩더니 따뜻한 기운으로 다시 깨어나
옛 모습 그대로 그 자리에 다시 선다

계절은 선순환의 긴 줄을 타고
돌고 돌아 바람으로 돌아온다
신세계가 열리는 날은
마음 속 가득 푸른 강물이 넘친다

봄눈

공중에 부유하다가 흩어져 없어지거나
지상에 닿기도 전에 녹아 사그라지거나
하루살이만도 못한
허망하기가 사람의 그것과 같으니
그러니 봄눈이여
세상에 내려와 보려거든
보이지도 들리지도 않는 한밤중에
흔적도 없이 다녀가기를 바라노라
그러니 봄눈이여
또한 애당초 생겨나지도 아니하였다면
이 봄이 저절로 환해졌을지도 몰라

봄

등이 굽은 늙은이가 저기 저 꽃을 일러
매화라 부르더니
희끗한 머리의 그는 여기 이 꽃을 보며
벚꽃이요 벚꽃이라 이름 짓는다
들뜬 청춘들은 머언 푸른 산을 바라보며
복사꽃 하며 복사꽃이라고 외쳐댄다
붉고 붉으며 더욱 붉은 봄이여
물비늘로 돌아나는 시간 가득한 강물처럼
한달음에 흘러 지나치지 못하고
어이하여 그대는 다시 돌아와
이곳저곳 맨얼굴로 기웃대는가?
단 한 번 맺었던 인연으로
단 한 번 붉게 살았으면 그만이지
또한 무에 그리워 이토록 몸부림치는 것인가?

화신(花信)

자네가 있는 지리산 남쪽 마을은 어떠한가?
이곳은 아직 꽃망울도 맺지 못하고 있네
밤새 산통(産痛)은 없었는지 이른 아침부터
물기가 돌지 않는 마른 가지를 살피고 있네
지난해 봄 자네 집 마당가
검푸른 잎새 사이 붉게 터져 나온 동백이며
늦은 눈에 반쯤 얼어있던 매화가 눈에 밟히네

자네가 있는 마을 앞 섬진강 물빛은 어떤가?
이곳은 살얼음 아래 흐르는 계곡 물소리
아직 굳은 땅을 밀어 올린 싹은 혹여 없는지
땅강아지 지렁이들 꿈틀거리는지 들여다보네
지난해 봄 강가에서 정겹던
생강 냄새 풀풀 날리던 산수유나무 하며
꽃눈을 흩뿌리던 왕벚나무 그늘에 가고 싶네

다시 꽃이 피었다

봄밤에 꽃이 피었다
지난해 그 꽃인가 하였더니
아니 새 꽃이라 하였다
나무는 한뿌리 그 나무였으나
꽃은 그 꽃이 아니라 한다
걷다가 쓰러지는 그 곳 어드메쯤
한 뿌리의 새 꽃처럼
여지없이 새 목숨이 돋아날까?
꽃들처럼 그쯤에서
다시 살아날 수 있을까?
꽃피는 후년 그 어느 때가 되었든 간에
하지만
우리는 다시 돌아오지 못할 거라 하였다

손을 씻으며

손을 씻다가 문득 쓰린 느낌을 감지한다
손바닥을 펼쳐보아도 언뜻 상처가 보이지 않아
손가락을 구부려 펴며 자세히 살피니
깨끼 손가락에 가는 실금처럼 살이 베어져있다
둔감해진 것이다
종이에 베었든 날에 베었든
손가락에 흔적이 남아있는데도
언제 어떻게 생긴 것인지
나는 그것에 대해 전혀 모르고 있는 것이다
두려운 것은 알아채지 못해서가 아니라
알고 나서도 섬뜩하지 않다는 것이다
세상에 머무는 일이 또한 그러하고
잊고 잊으며 잊혀져가고 있다는 사실을
점차 알아지게 된다는 것이다

봄을 놓아주며

봄에게 감사한다
꽃과 함께 빛도 고마웠다
서늘함 속 따스함이 너무 좋았다
미열이나 잔기침쯤은 견딜 수 있다
그러던 중 어느 한 날 너는
마침내 이곳을 떠나가며
마치 잔정을 떼기라도 하듯
마지막 순간 장대비를 퍼부어댔다
푸른 대나무 단칼에 내리치듯
천둥소리 울리며 번갯불도 번득댔다
잠시잠깐 머물다 금세 떠나야하는
그래서 굳이 그렇게라도 해야만 하는
너를 왜 알지 못하겠느냐?
흠뻑 비에 젖고
모질게 땅에 구르며
채이고 비난받으며
치러야 하는 통과의례인 것을
너를 보내는 제례는 이제 끝났다
기꺼이 보내주마
이곳의 짧았던 생애

새로운 계절이 열리는 그곳
그래도 나는 네가 너무 아쉽다

죽음에 대하여

왼 눈의 시력이 빠르게 나빠지고
오른 귀의 청력이 현저히 떨어졌다
어둠이 실내로 밀려들고 있으나
오늘 밤은 불을 밝힐 생각이 없다
무겁게 맴돌고 있던 사념(思念)
이제 정리해두고 싶은 것이다
불빛이 켜지고 있는 창밖을 본다
모래톱을 넘나드는 잔물결과
속삭이며 스치는 바람
가슴에 내려 안던 맑은 별빛과
설레는 푸른 새벽의 희망
욕망과 질투심을 숨기며 지켜보았던
세상의 모든 아름다움과 쾌락
동물의 몸에서 인간의 영혼으로
차디찬 골방마루의 선연함을 느낀다
그러니 이제 퇴장해도 좋은 시간이다
그동안 애써주었던 주사액과 알약
왼 눈을 버려야 한다면 받아들이리
떨어진 오른 귀의 청력도 그대로 두자
조금씩 균형이 틀어지는 삶

가만가만 다가오는 그림자여
그러니 이제 오늘 결단을 내리고자 한다
기꺼이 죽음 승낙서에 서명을 하마.

죽음에의 서약

온갖 것들이 일고 지는
지금 이곳 부질없다
잔물결에서 너울로 변하는
내일은 나의 것이 아니다

침침해진 눈으로
부들거리는 손으로
사전의료 의향서를 작성하고
장기기증 서약서를 읽는다

너의 초대를 두 손으로 받들고자
두려운 마음으로 결심을 한다
지금 여기에 애써 웃음 지으며
남은 내일을 기꺼이 돌려주려 한다

죽음을 알아채다

고인 물에서 비린내가 진동하고
갇힌 공기에서는 마른 먼지가 인다
손발이 묶여 어찌할 수 없는 상황이라면
결국 죽음의 냄새를 맡게 되는 것이다

시간으로부터 은폐되었던 단절의 순간
머리채를 뜯으며 숙취에서 깨는 한 순간
언젠가는 가게 될 죽음의 골짜기를 향해
우르르 몰려가는 연습을 해보는 것이다

물과 먼지로 분해되며 허공 속에 뿜어대는
독해 풀 한 포기 돋아나지 못하게 하는
흙 속에 갇혀 다시 일어나지 못하는 그곳
누구에게나 공평해 다만 안심일 뿐이다

오래된 볼펜

불쑥 집어 들었던 볼펜
잉크가 나오지 않는다
몇 번 긋다보면 다시 작동한다는 걸 안다
쓰려던 종이 위에 쓰으윽 그어보았지만
반응이 없다
곧추 잡아 빠르게 빙빙 돌려보았으나
헛수고였다
두꺼운 종이에 대고 쓰윽쓱 그었다
손목에 힘이 들어가자 종이가 찢겨 나갔다

누가 졌을까?
기능을 살려내지 못한 나?
살아나지 못한 볼펜?
패배를 인정한다
이것은 죽음이 새롭게 발견한 승리

소주잔

스스로 정체성을 파악하고 있으며
동시에 너 또한 잘 이해하고 있다고
굳게 믿는 일 따위 등등
소리 내며 질주하는 자동차
눈앞에서 날뛰는 순식간의 직감
보이지도 들리지도 않는다
물에 헹구기만 하면 되는 줄 알았다
반짝이는 투명한 유리잔이여
미끄러운 네 속에 낀 물때를
가끔씩 닦아주어야 한다는 것을
오늘에서 처음으로 알았다
알아챌 수 없다면 그것으로 그만인 것을
손쉽게 주고받는 너와 나의 가벼운 거래
숨기고 가리면서도 너의 눈빛을 확인하고
너의 속을 박박 문질러 닦는다
그러니 소주잔이여 용서해다오
물때같이 매끄럽게 네 속을 빠져나오는
너를 향한 나의 불찰을

삶

사람이라는 단어를
자판에 입력하던 중
무거운 손가락 탓인가
'사' 는 제대로 찍었는데
다음 음절 '람' 의 'ㅏ' 모음을 놓쳤나 보다

화면에 삶이란 글자가 떠올랐다

우연히 솟아나
바다에 저 홀로 떠 있는
섬처럼 동그랗게 외로이
바람에 흔들리다가
파도에 씻기면서
조용히 사라지는 삶

대장내시경 이후

어제 오전 검사에서 용종 하나를 제거하였다고
의사는 가차없이 하루 동안 금식을 지시하였다
그저께 밤부터 속을 비우기 시작하였으니
오늘 아침까지 내장은 하루 반 텅 비어있는 꼴이다
습관적으로 들어간 화장실을 별일 없이 돌아 나오니
허전하지만 간편하다는 생각도 든다
그러려면 밥을 먹지 않아야 한다는 생각이 든다
꾸역꾸역 밥통을 채우지 않아도 된다면
들판의 짐승처럼 타인의 살을 물어뜯지도 않고
누구를 향한 은밀한 돌팔매질도 없겠지!
그러나 고쳐 다시 생각해본다
밥 말고는 서로를 파괴하는 싸움이 정말 없을까?

그러니 여기 이곳은 끝끝내 절망이로다
슬픔이여 이 땅에 가득 고인 슬픔이여

의문과 질문

〈우주의 나이〉

대폭발로부터 지금까지의 시간이며, 현재 2가지 계산 결과가 있다.

① 137.98 ± 0.37억 년

2013년 3월의 관측과 ACDM 모형의 결과.

② 137.72 ± 0.59억 년

2013년 기준으로 9년에 걸친 NASA의 WMAP 관측의 결과, 오차 범위가 최대 10배까지 커진다는 단서가 붙어있다.

〈지구의 나이〉

45.4 ± 5억 년(4.54 x 10^9년 ± 1%)

운석의 방사능 연대 측정의 증거에 기반을 둔다.

〈인간의 계산〉

인간이 계산해 놓은 우주와 지구의 나이를 옮겨 적은 수치이지만, 사람의 마음을 헤아릴 수 없는 것과 마찬가지로 이 수치 또한 무한히 어렵기만 하다.

〈우주의 시공간에 대한 설명 요청〉

1) 우주의 나이: 오차 범위까지 계산하는 것을 불신하며, 대폭발 이전의 상태에 대한 설명이 필요하다.

2) 우주의 공간: 대폭발로 공간성을 확보하였고 이로 인해 경계가 생겼다고 하면, 그 경계 밖에 대한 설명이 필요하다.

〈우주와 인간의 관계에 대한 의문과 질문〉

1) 우주는 인간이 사고하기 시작하면서부터 만들어진 허상은 아닐까?

2) 인간이 육체적인 활동을 멈춘 뒤에도 우주는 여전히 그에게 존재하는 것일까?

3) 우주는 인간에 의해서만 존재하는 것은 아닐까?

봄동

봄 신작로 환한 햇빛
둥글게 말라 뜬 쇠똥
납작 눌린 쇠똥 봄동
속을 비워 욕심 내린
넓게 펴진 연두 잎싹
겹겹으로 싸고돌다
다시 또 오므라들어
중심 세운 노란 속대
헤어지고 돌아서고
다시 돌아와 밀치다가
은근슬쩍 들이밀고
돋아나고 피어나고
눈물방울 동글동글
맺혀지며 둘러치는
쭈빗거리는 들큼함
아삭대는 시원함
봄동 봄동 봄동
봄밤에 달려드는
불똥 같은 봄동

제4부

그녀의 집 앞

텃밭을 일구다

괭이를 들어 땅을 찍었다
무릎 넘어 자란 쑥대밭
한 평만 일구어 볼 요량이었다
괭이 날이 땅에 박혔다
흙속에 묻혀있던 돌들의 비명
쇠와 돌이 엇갈리며 내는 섬뜩한 소리
괭이를 내리칠 때마다
마음속에 박혀있던 돌멩이들
하나 둘씩 햇볕 속으로 튀어나온다
내 속에 숨어있는 깨져 날선 돌조각
드러나는 날
내 속을 둘러치고 있는 단단한 돌 울타리
무너지는 날
비로소 나는 한 평 밭을 일구고
먼지 같은 상추씨를 뿌릴 수 있으리
고랑을 깊이 파서 물을 빼내고
뿌리를 덮어주는 북을 돋우어
마음속에 푸르게 자라는
무성한 상추밭을 가꿀 수 있으리

텃밭

고추 모종 세우고 난 그 옆 빈자리에
가지 토마토에 상추씨까지 뿌렸다

물통 들고 발자국 소리 들려주며
가끔씩은 속삭여주기도 하였다

막걸리 한 통 사들고 오는 저녁나절
된장에 쿡 찍으면 좋을 독 오른 고추 하나

너를 키워 결국은 내가 먹는다
문득 텃밭의 재미가 일그러지는 것이었다

강남역 왕십리역 성수역

왕십리역 화장실에 앉아있는 동안
멀쩡한 포스트모더니즘이 떠올랐다
밑을 닦고 바지를 추스르면서
어제 밤 강남역 뒷골목 삼겹살을 생각했다
여자는 남자의 사각팬티만 한 크기의
짧은 바지를 입고 허벅지를 노출했다
여자는 빨강 립스틱을 발라 성기를 모방하였고
남자는 번들거리는 입속 혀를 날름거렸다
입은 깨끗이 닦아도 항문보다 더럽다
사야만 하는 성과
팔아야만 하는 성이
가속도가 붙어 서로 부딪치는 욕망
불빛에 바퀴벌레들이 어둠 속으로 사라지듯
모든 성기들은 모텔로 원룸으로 기어들었다
밤새 달아올랐던 네온사인 불빛 너머
아침 햇빛은 빌딩숲 바람 속에서 피어났다
전철을 갈아타고 성수역에 도착하여
한참을 빙빙 돌다
종로 빈대떡집에 들었다
한순간 스치는 삶에 대한 지친 의문이

기름때가 두꺼운 창문에 다시 얼룩이 졌다
색안경으로 답답해진 실내에 갇혀
은밀했던 지난 만 하루를 들여다본다

간

나물 간이 맞으니
소주 역시 물처럼 넘어간다
간에 드는 놈이 앞에 앉아 술을 치니
거푸 술잔이 올라간다
문득 간이 염려스러워지면서
내일 새벽 일어날 일도 걱정이다

너와 나 사이[間]는 차갑고
간경화처럼 굳어져 점점 무심해진다

또 혹은 간신들끼리는
상호 간에 맞출 간이
어찌 그리도 어색하여
그나마 손톱만큼도 남아있지 않더니라

관방제림 국수집

관방천가 푸조나무 팽나무 개서어나무
길게 늘이진 가지가 그늘을 만드는
평상에 앉아 소주와 파전을 주문한다
국수 먹기 전 입맛 다시기 위해서라지만
더운 한 여름 강바람에 취하는 순간
점심국수는 어느덧 뒷전으로 밀려난다
다음이라고 굳은 약속은 못하지만
그래 다음이라고 그냥 말해두자꾸나
그래서 다음에 다시 만날 수만 있다면
함께 눈 내리는 성성한 대숲에 들어
얼음 동동 떠다니는 국수를 먹자꾸나
크고 단단한 돌로 낸 저 징검다리 건너
그 곳 아득한 풍경 속 국수집에 가보자

그녀의 집 앞

용아 선생 솔머리 생가에 가는 길이었다. KTX 광주송정역*에 내렸다. 광장 왼편 길가의 몇몇 낡은 건물들이 송정리역이었던 시절의 풍경을 보여주었다. 다방, 간판을 올려붙인 여인숙, 실비 선술집. 여름 해가 아직 많이 남아 뜨겁다.

해장국집 뒤로 돌면 철도원 관사가 있었다. 철도 부지를 등진 채 동향으로 늘어서 있던 목재 관사들은 헐렸는지 흔적도 없었다. 검은 기름을 먹인 판자로 낮은 담을 세웠던 집들. 골목 끝 평상에서 헐렁한 메리야스를 입은 할머니 둘이 부채질을 하고 있다.

붉은 맨드라미가 피어있던 울타리 옆에 서서 비를 맞고 있었다. 열네 살 소년은 동갑내기 소녀가 나오기를 기다렸다. 머리에 어깨에 떨어지는 빗물이 뜨거웠다. 사십육 년. 뜨거운 햇볕 아래 오늘 나는 그 빗물의 뜨거움을 똑같이 느낀다.

통학버스에서 만났던 여자는 첼로를 앞에 세우고 차창 밖을 내다보고 있었다. 고등학교를 졸업하고 얼마

지나지 않아 이웃집 선배와 결혼하였다는 소식을 들었다. 순탄치 않다는 소문도 들려왔다. 이토록 오래 깊게 남을 일이라면 그때 왜 아무 말도 못했을까?

막걸리를 마시러 가는 시인들과 헤어져 나는 혼자 노래방을 찾았다. 주인이 서비스 타임을 두 번이나 더 주었지만 노래는 끝을 맺지 못했다. 아무도 없는 플랫폼에서 새벽 기차를 기다린다. 뜨거운 여름밤 공기가 식고 있다.

*내가 그곳에 살던 시절에는 '송정리역(松汀里驛)' 이었다.

그림자 소리

볼륨을 높였어도 미세한 소리가 사라지지 않는다
문 닫는 소리 벽을 스치는 소리 발을 끄는 소리
현관 쪽으로 고개를 돌린다
잠시 잠잠해진다
달가닥거리는 소리 물 흐르는 소리 문 여는 소리
주방 쪽을 건너다본다
인기척이 없다
닫혀있는 방문을 열고 불을 켜서 내부를 확인한다
먼지 냄새만 가득하다
볼륨을 한껏 올려도 작은 소리는 여전히 남아있다
강물이 물굽이를 만들며 집 마당으로 달려든다
토요일 저녁에는 신혼인 딸에게서 전화가 걸려온다
내색하지 못하는 그리움이 쌓이는 중이다

집

보철해 놓은 어금니 하나
끝내 견디지 못하고
새벽 꿈속을 헤매다가 부서지며
다시 오늘 하루의 삶을 추궁한다
우울과 불화는 지속되고
적벽돌처럼 붉고 단단한 얼굴
이마에 흐르는 식은 땀
호수를 박차고 날아오른 새 떼
이명처럼 고요한
후드득 물방울 떨어지는 소리
불빛 없는 길을 따라
내면으로 한발 더 깊이 내려가 본다
오래된 관계는 점차 끊기고
먼지처럼 날리며 흩어지고
집으로 향하는 길은 멀고 아득하다
밤안개가 쓸쓸히 길을 덮고 있다

집 2

벽을 쌓고 지붕을 올려
불가침의 한 공간을 만들어
세상으로부터 보호받는 곳
창을 내어 밖의 동태를 살피다가
기회가 포착되면 뛰쳐나갈 준비를 한다
문고리를 부여잡고 경계를 선다
소리를 내지 않기 위해
발뒤꿈치를 들고 이동하고
식기 소리 내지 않고 침묵 속에 식사를 한다
내분이 일어도 참아내며
스스로 고요해지기를 기다려야한다
밖으로부터 안을 감시당하지 않기 위해
밤이 되어도 좀체 불을 켜지 않는다
안에서는 어둠 속 밖의 움직임을
먼저 알아채는 것이 중요하다
외벽에 혹여 금이 가거나
벽돌 하나 어긋나는 순간
그 너머는 낭떠러지
밖으로 내동댕이쳐지는 것이다
버림받는다는 것은 참을 수 없는 일

상실로부터 벗어나기 위해
존재의 이면을 확인을 위해
답답하기 그지없는 그 무엇을 향해
저항의 날개를 펼치고
수비에 완벽한 이중의 방어망을 친다
밖에는 참호처럼 견고한 집을 짓고
무너지지 않을 두꺼운 벽을 내 안에 쌓는다

나팔꽃

떡잎이 나오고 나서 두 달도 넘어
덩굴손이 비로소 벽을 타기 시작했다
연둣빛 맑은 잎사귀들 사이로
손톱만한 보라색 꽃망울도 보였다
까맣고 단단한 작은 씨앗 하나
올 여름 기어이 나팔꽃으로 완성되었다
내년에도 이곳에 다시 피어날 꽃
내년에도 변함없이 내가 있다면
내년에도 이곳에서 다시 보게 될 꽃
손가락을 곱아본다
한여름 푸른 아침에 피어나는 꽃
몇 해나 더 내가 너를 볼 수 있을까?

물에 대한 생각

갇혀 고여 있는 물
썩은 냄새를 풍기고 있는 물을 본다
검은 눈물 그렁해진 눈으로
끈적한 진물 내며 썩어가는 물을 본다

도랑가 썩어 짓물러지는 풀숲
쌓이는 날벌레들의 배설물과 사체더미
틈에 갇힌 물은 자제력을 잃고 썩고 있다
부정한 물의 흐린 속을 들여다보며
퍼낸다 들어낸다 도려내버린다

소낙비로 떨어지는 밝은 빛
장맛비로 휘몰아치는 거센 힘
물결치며 도도히 흐르는 강
침묵하며 쉼 없이 출렁이는 바다
썩어 고인 물로 가득했던 마음속에
비로소 한 물이 살아나는 듯하다

벽

말이 통하지 않을 때
벽을 생각한다
내 안의 벽을 본 여자가
벽을 지고 나를 떠났다
절벽 같은 절망감이 있다
나는 면벽하고 술을 마셨다
술이 죽였던 수많은 시간들
마침내 벽을 허무는 듯 했으나
그것은 열기 속에 보는 신기루일 뿐
파도가 한 순간 방파제를 넘어와 철썩
그 큰 손으로 또 다른 벽을 쳤다
더욱 세게 옥죄어오는 철옹성
철벽을 지키는 칼
내면의 투사를 허용하지 않는 반사유리
이리저리 부딪쳐 피투성이가 되어도
내 안의 벽은 양보할 기미가 없다
벽을 점령하고 있는 덩굴손 역시
틈새를 내주지 않는다
이별도 타고 넘지 못하는
결국 완고한 성벽이다

쓸쓸해지지 않기

무리 진 사람들 사이에서
스마트폰을 일없이 수시로 열어보기

늦은 밤 귀갓길 현관
있는 대로 흩트려 놓은 신발 흘낏 보기

토요일 오후
화장실 바닥 타일 모르타르 하얗게 닦기

일요일 아침
방바닥에 널린 머리카락 손가락으로 줍기

새벽에 잠깨었을 때는
거실 소파에 누워 관 속의 어둠 생각한다

앞니

앞니가 하나가 부러졌다
입을 다물고 있어도 남들이 금방 알아챘다
임플란트를 해 넣을 때까지
꽤 오랜 시간 임시 이를 끼고 살아야 한다
어쩔 도리 없이 겪는 불편일지라도
그러나 며칠이면 곧장 익숙해지리라는 것을
나는 잘 알고 있다

존재의 슬픈 순간을 헛웃음으로 모면하듯이
깊은 어둠에 부딪치는 어떤 순간이 오면
그저 아무 일 없다는 듯이
바람 새는 가짜 치아라도 드러내며
서로를 향해 한없이 낄낄대는 것이다
죽음에 대해 거리낌 없이 말하는 것도
실은 그것에 익숙해지기 위한 시도이기 때문이다

장맛비

어머니의 전화를 받았다
미주앉아 점심 먹고 헤어진 지
불과 한 시간 남짓
이 궁리 저 궁리 하며
나의 집 도착 시간을 헤아렸을 것이다
장맛비가 추적추적 창을 타고 흐른다
용건이 없는 전화였다
티를 내지 않으려 무진 애를 썼건만
여든을 넘긴 노인네에게
나의 위태로운 모습을 속보였던 것이다
퉁명스런 말투로 짐짓 위장하는 내게
어머니는 조심조심 에둘러 갔다
전화를 끊자
창문을 때리는 빗소리가 더욱 거세어진다

■해설

삶의 비애와 신생의 예감

—양원의 시세계

구 모 룡
(문학평론가)

1

청년 시절 시재를 뽐냈던 양원 시인이 우리 곁으로 돌아왔다. 이순을 바라보면서 젊은 날의 문학적 꿈과 좌절을 뒤로 하고 다시 자신의 삶을 반추하면서 시를 쓰고 있다. 그는 본디 낭만주의자에 가깝다. 그래서 동경과 그리움이 상실로 바뀌어 자리한 내면을 감추지 못한다. 이는 세상의 일이나 성공과 무연하다. 오히려 세속에 대한 회의야말로 시적 성찰의 계기가 된다. 주지하듯이 시는 상실에서 비롯한다. 유년의 꿈, 사랑과 희망이 불가능하거나 사라지는 경험을 통해 시인은 삶의 슬픔을 표출한다. 상실과 슬픔은 시를 이끄는 기본 정조이다. 양원에게 시는 "마음에 박힌 그리움의 말뚝"(「그리움을 변명하다」에서)이자 그 그리움에 대한 변명이다.

> 비 오는 날엔 일로 장터 국밥집이 좋다/ 양철 지붕 때리는 빗소리 들으러 간다/ 처마 타고 뚝뚝 떨어지는 빗방울/ 나는 선짓국을 앞에 두고 소주를 마신다/낮게 드리워진 차일 사이 조각난 하늘/ 무시로 쏟아지는 장대비에 가려 있다/ 지난해 늦여름 당신과 나란히 앉아/ 한참을 내다보았던 흙 마당이 젖고 있다/ 하긴 오는 동안 몇 번이나 망설였다/ 전화하면 응답할까?/ 혹여 와주기나 할까?/ 기울어져 아귀가 틀어진 식탁/ 진즉에 식어버린 뚝배기 국물/ 들이치는 낙숫물이 발목을 적신다
>
> —「일로 장터 국밥집」 전문

'지난해 늦여름'의 추억을 말하고 있지만 단지 그때 헤어진 그 사람에 대한 회상만을 담으려는 시는 아니다. '당신'으로 지칭되는 그 사람에 대한 그리움도 주요한 시적 대상이다. 하지만 시적 발상을 이끄는 것은 '일로 장터 국밥집'이라는 장소이다. 양원 시인의 시가 지닌 덕목 가운데 하나는 낱낱의 사물을 매우 구체적으로 그려낸다는 점이다. 구체적인 것 속에는 실감이 내재한다. 존재의 진실을 나타내고 타자와 사물과 함께 하는 것은 구체에 의해 가능하다. 구체는 오늘

날의 삶이 지니는 추상화에 대한 저항의 의미를 지닌다. 이 시에서 비 오는 날의 '일로 장터 국밥집'은 시인이 우연히 들린 가게가 아니다. 어느 정도 누적된 기억을 품고 있는 장소이며 시인의 느낌이 하나의 형식을 만들어내는 곳임에 틀림이 없다. 빗소리와 차단된 하늘 그리고 젖어드는 물기는 시적 정조를 구체화하는 등가물들이다. '당신'은 이러한 정조와 함께 불려나오며 다른 모든 사물과 마찬가지로 시적 구체를 구성하는 한 요소가 된다. 이 시에서 특히 주목되는 것은 '낮게 드리워진 차일 사이 조각난 하늘'이 아닌가 한다. '하늘'이 그리움과 동경, 꿈과 비상의 이미지로 자주 등장하기 때문이다. "나는 왜 그들처럼 날아가지 못하는 걸까?/ 숨을 옥죄이는 깊은 늪/ 나는 왜 빠져나오지 못하는 걸까?/ 이미 글렀다/ 여기저기 기웃대기만 하다가/ 날아갈 곳을 정하지 못한 나는 이미 글렀다/ 나는 그 먼 곳으로 날아가지 못한다"(「나는 날아가지 못한다」에서).

2

창공으로 비상할 수 없다는 낭만주의자의 비애는, 「일로 장터 국밥집」에 표출되고 있듯이, 하늘을 가리면서 떨어지는 빗속의 정황에서 공감을 얻는다.

밥 말고는 서로를 파괴하는 싸움이 정말 없을까?

> 그러니 여기 이곳은 끝끝내 절망이로다
> 슬픔이여 이 땅에 가득 고인 슬픔이여
>
> —「대장내시경 이후」 부분

시인은 타인의 살을 물어뜯는 짐승의 삶이 되어버린 현실을 회의한다. 이러한 회의주의는 부조리한 현실에 직면한 '나'의 문제를 돌아보게 한다. 가령 「선팅」이나 「고백」과 같은 시가 '나'를 말하고 있다. 전자는 현실의 위악을 닮은 '나'의 표정을 그리고 있다. "익명으로 그를 향해 우를 범하고도/ 익명이 되어 나는 안심을 한다"고 고백한다. 그렇지만 회의주의자는 이와 같이 전도된 도덕상을 드러내기도 하지만 그 실제에 있어서 자아의 진실을 추구한다. 회의주의자는 또한 좌절한 낭만주의자이다. 후자의 「고백」은 회의주의가 결국 '마음'의 문제라는 사실을 말한다.

> 왜 도망치려고만 하는가/ 본의 아닌 것처럼 조용하게 교묘히/ 관계의 징검다리 위에서 허깨비 춤으로/ 사악한 마음을 감추면서/ 왜 인정하지 못하는가/ 떨리는 속살을/ 눈치 채지 못하게 가까스로 숨기고 나면/ 마침내 이기는 것인가/ 그때로부터 후회는 한없이 계속된다/ 묶는 족쇄가 되고/ 찌르는 칼이 되고/진정 하찮은 이것조차 부인하려 드는가/ 그 암흑을 내려놓는 가벼운 마음/ 그리하여 고결한 마음은 존재하는 것이다/ 세상에 존재하는 것/ 그것

을 찌르며 깊숙이 들어가면/ 마침내 터져 나오는 고백

–「고백」 전문

이 시가 말하듯이 시인은 '사악한 마음'과 '고결한 마음' 사이에서 요동한다. 시인은 '관계의 징검다리'가 '사악한 마음'을 갖게 하는 현실 속에 놓인 자아를 바라본다. 시는 이러한 사회적 자아를 고백하면서 진정한 자아를 찾아가는 과정을 그리고 있다. 자아의 동일성을 잃고 사는 타자지향적인 삶을 시인은 '허깨비'에 비유한다. '족쇄'가 되고 '칼'이 된 현실에 대한 부정성이 자아를 분열하게 하거나 위악을 추구하는 도덕적 실험을 유인하기도 하지만 시인은 마침내 '그 암흑을 내려놓은 가벼운 마음'을 선택하며 이를 통해 '고결한 마음'의 존재를 확인한다. 그러니까 상실의 감정이 시적 발상을 가능하게 한다면 시인됨을 지속하는 것은 시적 '마음'이라고 할 수 있다. "세상에 존재하는 것/ 그것을 찌르며 깊숙이 들어가면/ 마침내 터져 나오는 고백"이라는 구절의 역설을 구성하는 것은 시적 마음이다. 시적 마음은 현실과 무관하게 순수한 상태를 말하는 것이 아니다. 오히려 현실의 이편과 저편 사이에서 긴장한다. 시인에게 이처럼 긴장된 마음의 장은 오래된 풍경이다. 이는 아마 오랜 유년의 기억 속에 내재한 것으로 보인다. 그것은 「대반동」이 말하는 이중풍경과 다름이 없을 듯하다. "눈을 찔러 피를 내어도 침묵하는 곳"의 저편에 "흰 파도 깃발처럼 일어서는 시퍼런 바다"가 놓여있는 형국이 아닐까? 이 참에 시인에게 '바다' 라는 원체험의 의미를 묻게 된다.

> 유달산 남쪽 기슭 골짜기에서/ 고하도와 달리도와 율도로 둘러싸인/ 고요한 시하바다를 내다보는 곳// 마을의 시야를 통째로 가로막고 선/ 호텔 꼭대기 층 연회장에서/ 잘 차린 많은 음식을 비유한다는/ 큰 쟁반 대반동을 내려다본다/눈을 찔러 피를 내어도 침묵하는 곳// 시멘트 블록으로 숭숭 벽을 쌓고/ 슬레이트 지붕이 납작한 살림집들/ 비탈을 갈아 외길을 내어/ 가난과 가난을 연결하고/ 손톱과 손톱을 갈아 얻은/ 어판장에 던져진 하루치의 양식// 박대와 허기 속에 잠겨 있는 곳/ 아아 이제사 바다에도 폭풍이 인다/ 흰 파도 깃발처럼 일어서는 시퍼런 바다/ 볕바른 돌밭에서 숨죽여 자란 꿈들이/ 섬 사이를 헤쳐 돌아 먼 바다로 떠난다
>
> –「대반동」 전문

앞에서도 말했듯이 양원의 시에 나타나는 구체성은 중요한 의미를 지닌다. 이는 대상에 대한 깊은 관심과 애정을 반영한다. 구체적인 풍경의 묘사에서 깊이를 느끼게 되는 까닭이 여기에 있다. 인용한 시에서 시인은 원경에서 근경으로 다시 원경으로 이동하는 시야를 보인다. 이 시에서 시인의 위치는 2연에 나타나 있다. 그 곳은 '대반동' 이라는 마을의 경관을 차단하고 선 '호텔 꼭대기 층 연회장' 이다. 이는 「고백」에서 말한

바 있는 사회적 자아의 위치이다. 이 위치에서 시인은 '유달산' 남쪽 기슭에 자리한 '대반동'을 내려다본다. 시인의 눈길은 클로즈업되는 카메라처럼 '대반동'의 구체적인 형상에 이른다. 그리고 다시 눈길을 돌려 먼 바다를 바라본다. 마을과 바다를 구획한 호텔 연회장에서 시인은 왜 "볕바른 돌밭에서 숨죽여 자란 꿈들이/ 섬 사이를 헤쳐 돌아 먼 바다로 떠난다"라는 구절을 얻으려 했을까? 그것은 구체적 삶에 대한 지향이 아닐까? 또한 가난한 삶과 그 삶에 내재한 꿈이 지닌 진실을 말하려 한 것이 아닐까? 이처럼 시인은 현란한 랜드 마크의 스펙터클에 가려진 삶의 진면을 찾으려 한다. 호텔 연회장의 규격화되고 추상화된 수직의 관계를 벗어나 저 바닥의 구체적 삶과 수평의 바다로 시선을 돌리는 것이다. 이러한 과정은 다시 말하지만 진정한 자아 찾기, 자아 동일성의 회복에 상응한다. 「산동면」이 말하고자 하는 바도 이와 같아서 시인은 보다 분명하게 고향으로 가는 길을 노래한다.

> 면사무소 앞 오래된 옛 길가에 늘어선/ 철물점, 슈퍼, 방앗간, 추어탕 집, 이발소, 식육점, 채소가게, 점집, 목욕탕, 떡집, 국수집, 우체국, 노래방/ 찬바람이 새어나오는/ 기울어진 목제 출입문은 대부분 닫혀있었다/ 늙은 은행나무 곁을/ 위태롭게 걷고 있는 중절모를 쓴 노인

「산동면」의 1연이다. 시인은 이 시에서 추억의 장소

들을 일일이 호명한다. 낱낱의 장소가 하나의 시가 될 수도 있을 터인데 시인의 내면과 풍경의 교응을 짐작하기 어렵지 않다. 2연에서 시인은 "고향을 대신하여 나를 키웠던" 것들을 열거한다. "네온사인, 인텔리전트 빌딩, 룸살롱, 백화점, 복합 영화관, 화장품 가게, 리무진, 가죽옷, 교회, 호텔, 커피하우스, 문화회관, 은행, 키스방". 시인은 "햇볕이 가득한 도시의 거리마다/ 한껏 멋을 낸 쇼 윈도우/ 헛웃음 뒤에 감추어져 있는/ 번뜩이는 내밀한 시선"에 대한 경험을 고백한다. 자본과 가짜욕망이 교환되는 도시의 삶은 1연의 고향의 양상과 대조적이다. 물론 시인이 도시와 시골을 선악의 이분법으로 대비하려 한 것은 아니다. 그보다 이 둘 사이의 경계를 넘나드는 자신의 삶을 말하려 한다. 그리고 3연을 통하여 진정한 '나'를 찾는 과정을 보인다.

> 소재지 좁은 길을 빠져나와/ 가난이 선지처럼 엉겨있는 그곳으로/ 얇고 질긴 가면의 그림자를 끌고 가는/ 차 안에서 나는 눈물을 닦지 않았다/ 지난 추운 겨울을 지낸 산수유는/ 춘분 무렵이 되면 꽃망울이 터질 거라고 하였다

도회에서 형성된 '가면'의 생을 생각하며 시적 자아는 깊은 회한의 '눈물'을 흘린다. 그리고 "지난 추운 겨울을 지낸 산수유는/ 춘분 무렵이 되면 꽃망울이 터질 거라고 하였다"라는 결구를 통하여 신생을 예감한다. 실제로 양원의 시에서 신생의 예감은 유난하다.

"애벌레로 갇혀있던 암흑이여/ 질긴 모순이여/ 무겁고 차가운 사슬이여/ 단 칼에 너를 끊고 치솟아 오르리라/ 물에 갠 석회처럼 단단한 껍질을 깨어/ 더듬이와 날개를 달고/ 상처에 돋아난 덧살 같은 허물을 벗고/ 초록빛 가벼운 몸통을 들어/ 아아 이제 나는 나비가 된다/ 비로소 휠 헐 날아오를 나비가 된다"라고 노래하고 있는 「애벌레의 꿈」이 대표적이다. 아울러 「봄 눈」, 「봄」, 「봄동」, 「봄을 기다리며」, 「봄을 놓아주며」, 「입춘을 지나며」, 「화신」 등 봄에 대한 시적 경사가 두드러진 것도 주목할 수 있다.

이와 더불어 신생의 이면인 죽음에 관한 탐구도 「죽음에 대하여」, 「죽음에의 서약」, 「죽음을 알아채다」와 같이 여럿이다. 그런데 시인은 신생의 예감을 다시 돌아감으로 받아들인다. 「지금 나는」이 말하듯이 "원래 모양대로 되돌아 갈 것"을 그는 알고 있다. 그것은 때늦은 귀향이기도 하고 유년의 장소로 회귀하는 것이기도 하다. 유년은 그 순수함의 빛으로 온갖 먼지를 둘러쓰고 얼룩이 진 삶을 정화한다. 이는 퇴행이 아니며 본디 낭만주의가 재문맥화하는 과정이다. 고향 상실을 극복하고 고향을 회복하려는 시인은 단지 순진한 나르시시즘에 갇히지 않는다. 귀향 연습으로 불릴 수 있는 장소의 재발견이 외적 지향이라면 죽음에 대한 인식은 내적 지향이라 하겠다.

시인은 죽음의 인식을 통하여 "동물의 몸에서 인간

의 영혼으로"(「죽음에 대하여」에서)라는 전회의 기틀을 만든다. 자아의 동일성을 회복하고 여기에서 한 걸음 더 나아가 자아의 삶이 아닌 영혼의 삶을 궁구하고 있는 것이다. 물론 영혼의 삶에 이르는 과정이 쉬울 턱이 없다. 그럼에도 자아가 만드는 세상을 넘어서려고 미로를 향하는 시인의 의지는 경이이자 장관이라고 말하고 싶다. "언젠가는 가게 될 죽음의 골짜기를 향해/ 우르르 몰려가는 연습을 해보는 것"(「죽음을 알아채다」에서)이 헛된 일탈로 치부될 수는 없을 것이다. '봄'에 대한 시인의 관심 또한 이와 같아서 자연의 순환과 대비되는 생의 의미가 오롯하다.

> 봄밤에 꽃이 피었다/ 지난해 그 꽃인가 하였더니/ 아니 새 꽃이라 하였다/ 나무는 한뿌리 그 나무였으나/꽃은 그 꽃이 아니라 한다/ 걷다가 쓰러지는 그 곳 어디메쯤/ 한뿌리의 새 꽃처럼/ 여지없이 새 목숨이 돋아날까?/ 꽃들처럼 그쯤에서/ 다시 살아날 수 있을까?/ 꽃피는 후년 그 어느 때가 되었든지/ 우리는 다시 돌아오지 못할 거라 하였다
>
> -「다시 꽃이 피었다」 전문

이처럼 시인은 소멸과 재생을 묵상한다. 신생의 예감은 사라짐에 대한 탐구와 무관하지 않다. 언젠가 사라질 것이라는 죽음에 대한 예견이 신생의 예감으로 부각되는 것이다. 그러므로 유년으로, 고향으로, 어머

니에게로, 바다로 돌아가는 것은 언젠가 사라질 삶을 새롭게 하는 존재의 활동이다. 시인은 이러한 과정을 통하여 시적 활기를 얻는다.

> 봄 신작로 환한 햇빛/ 둥글게 말라 뜬 쇠똥/ 납작 눌린 쇠똥 봄동/ 속을 비워 욕심 내린/넓게 펴진 연두 잎싹/ 겹겹으로 싸고돌다/ 다시 또 오므라들어/ 중심 세운 노란 속대/헤어지고 돌아서고/ 다시 돌아와 밀치다가/ 은근슬쩍 들이밀고/ 돋아나고 피어나고/ 눈물방울 동글동글/ 맺혀지며 둘러치는/ 쭈빗거리는 들큼함/ 아삭대는 시원함/ 봄동 봄동 봄동/ 봄밤에 달려드는/ 불똥 같은 봄동
>
> –「봄동」 전문

이 시에서 우리는 시적 대상에 어울리는 살아있는 율동(리듬)을 얻고 있는 장면과 만난다. 양원 시인의 시적 능력이 특히 도드라진 모습을 들라면 나는「열 개의 흐르는 시간들」을 제시할 것이다. 각기 다른 시간의 장면들을 의미 있게 서술하고 있는 연작시인데 달리 주목을 요한다. 이와 더불어「간」과 같은 시가 말재롱(pun)을 시험하는 양상을 접할 수도 있다. “나물 간”과 “상호 간”과 몸속의 “간”을 병치하는 재미가 솔솔하다. 이처럼 인용시도 겉잎들이 펼쳐진 배추인 ‘봄동’을 ‘쇠똥’, ‘불동’에 비유하면서 생동하는 리듬을 이끌어낸다. 이러한 리듬은 또한 공감각으로 한데 어울려 생명이 충동하는 봄을 충분히 느끼게 한다.

3

양원 시인은 오랜 배회를 뒤로 하고 시적 고향으로 돌아왔다. 「강남역 왕십리역 성수역」이 말하듯이 숱한 생의 '얼룩'을 간직하고서 "그 곳 아득한 풍경 속"(「관방제림 국수집」에서)으로 귀환한 것이다. 그러나 이러한 그의 시적 귀환을 단순화시켜 말하지 않아야 한다. 가령 다음과 같은 시편을 생각하자.

> 유채꽃이 아니냐고 그녀가 물었다/ 나는 장다리꽃을 떠올리고 있었다/ 축대를 쌓아 만든 좁은 골목길 따라/ 외줄로 피어있는 연두 잎 노란 꽃/ 꽃대를 씹어보던 그가 아린 맛이 독하여/ 갓 꽃임이 분명하다고 정정해 주었다/ 유달산 남쪽 바닷가/ 식솔 많은 가난한 어부들이/ 따스한 기운이 감돌던 산자락에/ 층층으로 집을 내어 살던 산동네/ 블록으로 담을 쌓아 경계를 치고/ 슬레이트로 지붕을 올린 허술한 집들/ 지금은 등 굽은 노파들이 살고 있는/ 아이들 소리가 나지 않는 고요한 달동네/ 낮술을 핑계 삼아/ 천대와 가난을 목도하고자 했던 그 날/ 햇빛이 앞바다에 출렁 내려앉던 봄 날/ 한 뼘 툇마루 아래/ 헐떡이고 있던 늙어빠진 개 한 마리와/ 블록 담 위에서 쏘아보던 고양이/ 철사로 뚜껑을 막아버린 버려진 우물/ 뒤쪽 시멘트벽을 뒤덮어버린 붉은 넝쿨장미/ 휘어지며 끝없이 이어지는 고샅길을 걸어/ 부엌문이 반쯤 열린 집 마당에 이르자/ 흙바닥에 쪼그려 앉아 먹었던/ 내 유년의 식은 밥덩이가/ 비로소 눈물로 떠올랐다/ 죄도 없이 받는 형벌처럼 가난은 억울

하였다/ 마을을 벗어나도/ 질긴 햇살은 우리 뒤를 쫓고/ 장다리꽃 주위로 나비 떼가 하얗게 날아들었다

–「다순그미 마을(溫錦洞)」 전문

시 속의 '나'는 왜 '갓 꽃'을 보면서 '장다리꽃'을 떠올렸을까? '장다리꽃'은 자식에게 일생을 쏟아 붓는 부모의 삶을 떠올리게 하는 꽃이다. 씨를 받기 위해 별도로 '장다리'를 가꾸는데, 장다리는 무, 배추 따위의 꽃줄기를 말한다. 장다리무나 장다리배추는 꽃을 피우고 씨앗을 여물게 하는 데 모든 양분을 소모한다. 그러다 보면 뿌리에는 바람이 들고 잎사귀는 노랗게 시들어 죽는다. 이러한 점에서 이 시는 시인의 의도된 시적 전략이 뚜렷하다. 시적 화자는 결구에 이르러서도 '갓 꽃'이라 정정하지 않고 '장다리 꽃'이라 명명한다. 유년의 풍경이 겹쳐져 있기 때문이다. 시적 화자가 "천대와 가난을 목도하고자 했던" 것은 또한 무슨 연유일까? 애써 외면해온 구체적인 삶의 정경을 찾아간 것은 아닐까? 이곳에서 "내 유년의 식은 밥덩이가/ 비로소 눈물로" 떠오른다. 탕아의 귀향이 아니라 가난으로부터 눈을 돌리고 후미진 도회를 방황한 이가 자신의 정체성을 찾아가는 힘겨운 통과의례라 생각한다. 그가 고향을 회피한 것은 "죄도 없이 받는 형벌처럼 가난"이 억울했기 때문이다.

그러나 "이제 마을을 벗어나도/ 질긴 햇살은 우리

뒤를 쫓고/ 장다리꽃 주위로 나비 떼가 하얗게 날아" 드는 환희를 경험한다. 단순한 귀향이 아니라 깊은 화해이자 사랑의 확인이다. 이로써 양원 시인이 지향한 낭만주의의 진정한 거처가 회복된다. '바다' 도 마찬가지로 생명의 물줄기가 되고 기적의 우유가 된다. "침묵하며 쉼 없이 출렁이는 바다/ 썩어 고인 물로 가득했던 마음속에/ 비로소 한 물이 살아나는 듯하다"(「물에 대한 생각」에서). 두 겹의 경험으로 인식되는 유년과 고향 바다가 있기에 시인의 시적 과정은 구체적인 언어의 힘을 얻어 지속될 것이라 믿는다. 그러므로 양원 시인의 시업은 다시 시작되었다.

■시인의 말

소년과 청년 시절을 지나며 "시를 쓴다. 시를 써야 한다." 하며 허둥지둥 시를 찾아다니던 시절이 있었다. 무엇이 무엇인지도 알지 못했던 그 무렵 얇디얇은 시집 『바다 위에 내리는 비』를 대학 4학년 겨울에 냈었다. 그리고 그뿐이었다.

3등 항해사가 되었고, 바다 위에서 술을 마셨고, 육지로 돌아오면 연애를 하며 6년 세월을 보냈다. 외로움과 눈물 그리고 청춘의 그 시절, 그러나 마음속에 웅크리고 있던 시와는 별 관계를 맺지 못한 채 마무리되고 말았다.

육지로 돌아와 결혼을 하고 밥벌이를 하면서도 나는 내 속의 바다를 보고 있었다. 나를 쉬 놓아주지 않는 것이었다, 시를 쓰는 친구들의 소식이 들릴 때면 부럽기도 하였고, 가끔 좋은 시를 한 편 만나는 날엔 몸이 달기도 하였으나 하룻밤 지나면 그뿐이었다. 그런 세월이 속절없이 계속 흘러갔다.

재작년 2013년 봄. 오십 후반에 시인이 되는 꿈을 꾸었다. 서툰 글짓기로 자학하며, 미혹의 시간을 보내고, 그리고 이제 시집이라는 욕심을 내어본다. 3년여 쓰는 동안

시의 주제나 소재를 한정할 수는 없었다. 다만 지금은 앞으로 써야 할 방향에 대해 어느 정도 요량이 생긴 것은 사실이다. 변화하는 사람과 사물에 대한 관찰, 삶과 죽음에 대한 탐구 정도일 것이다.

말로 다하지 못하는 어떤 것이 있다
보지 않는다고 보이지 않는 것은 아니다
듣지 않는다고 들리지 않는 것도 아니다
끊어지고, 깨지고, 흩어지고 그리고 가만히 사라지는 것이 있다

어려운 여건에서도 시집 발간에 애써준 시인 박몽구, 평론가 구모룡 외형들께 깊이 감사드린다. 그리고 SNS를 통해 간간이 적어내었던 내 시를 읽고 소감을 말해주었던 이들, 그들의 위로가 참으로 고마웠다.

2015년 늦가을
승달산 그늘 아래
양 원

의문과 질문

찍은날 2015년 12월 5일
펴낸날 2015년 12월 10일
지은이 양 원
펴낸이 박몽구
펴낸곳 도서출판 시와문화
주 소 (13955) 경기 안양시 동안구 경수대로 883번길 33,
비산동 꿈에그린아파트 103동 204호
전 화 (031)452-4992
E-mail poetpak@naver.com
등록번호 제2007-000005호 (2007년 2월 13일)

ISBN 978-89-94833-18-7(03810)

정 가 10,000원